AF460525

12 avril 1886 P

SUCCESSION PREMSEL

VENTE

Des Lundi 12, Mardi 13, Mercredi 14, Jeudi 15 Avril 1886
et Jours suivants

HOTEL DROUOT, Salles n° 1 et autres

A la requête de M. Edmond MOREAU, administrateur de la succession

TABLEAUX MODERNES

Œuvre importante de TROYON

MOBILIER

OBJETS D'ART — ARGENTERIE

Livres — Vins

COMMISSAIRES-PRISEURS

Me Ernest GIRARD
18, rue Notre-Dame-de-Lorette, 18.

Me DESAUBLIAUX
47, rue de Rennes, 47.

EXPERTS

M. FÉRAL, peintre
54, rue du Faubourg-Montmartre, 54.

M. A. BLOCHE
23, rue Chauchat, 23.

M. MARTIN, libraire
18, rue Séguier, 18.

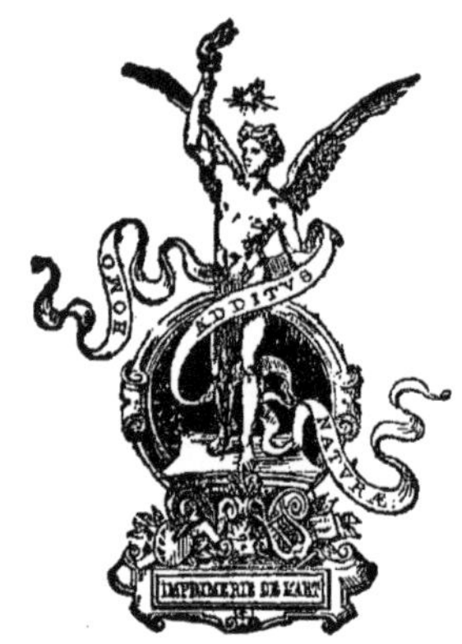
HOMO
ADDITVS
NATVRÆ
IMPRIMERIE DE L'ART

CATALOGUE

DE

TABLEAUX MODERNES

Œuvre importante de TROYON

ET AUTRES PAR

J. L. Brown, Daubigny, Delacroix, Detaille, Diaz
J. Dupré, Fromentin, Jacquet, Heilbuth, Th. Rousseau
Vibert, Ziem, etc.

ARGENTERIE — ORFÈVRERIE

(Cent kilogrammes)

BEAU SURTOUT DE TABLE D'ODIOT

Objets d'art — Marbres — Bronzes — Ivoires

TAPISSERIES ANCIENNES

MOBILIER DE STYLE

Tentures; Tapis; Meubles de fantaisie
Piano à queue d'Érard — Livres — Vins fins

DONT LA VENTE AURA LIEU

Par suite du décès de M. PREMSEL

HOTEL DROUOT, Salles n° 1 et autres

Les Lundi 12, Mardi 13, Mercredi 14, Jeudi 15 avril 1886
et jours suivants, à 2 heures précises de relevée

COMMISSAIRES-PRISEURS

Me Ernest GIRARD
18, rue Notre-Dame-de-Lorette, 18.

Me DESAUBLIAUX
47, rue de Rennes, 47.

EXPERTS

M. FÉRAL, peintre
54, rue du Faubourg-Montmartre, 54.

M. A. BLOCHE
23, rue Chauchat, 23.

M. MARTIN, libraire, 18, rue Séguier.

EXPOSITIONS

PARTICULIÈRE
Le Samedi 10 Avril 1886

PUBLIQUE
Le Dimanche 11 Avril 1886

DE 2 HEURES A 6 HEURES.

CONDITIONS DE LA VENTE

Elle sera faite au comptant.

Les adjudicataires payeront *cinq pour cent* en sus des enchères.

L'exposition mettant le public à même de se rendre compte de l'état des objets, il ne sera admis aucune réclamation une fois l'adjudication prononcée.

Paris. — Imp. de l'Art, E. Ménard et J. Augry
41, rue de la Victoire.

DÉSIGNATION

TABLEAUX MODERNES

BROWN

(JOHN LEWIS)

1 — *Après la chasse.*

Un piqueur et son cheval se dirigent vers la gauche. Signé et daté 1882.

Toile. Haut., 90 cent.; larg., 70 cent.

DAUBIGNY

2 — *Les Bords de l'Oise.*

Au premier plan, des nénuphars et autres plantes marines en fleurs; des canards prennent leurs ébats au milieu de la rivière, d'autres volent au-dessus des joncs qui poussent au pied des arbres qui longent la rive opposée.

Signé à gauche.

Bois. Haut., 24 cent.; larg., 34 cent.

DELACROIX

(EUGÈNE)

3 — *Attaque de cavaliers arabes.*

L'un d'eux gît étendu sur le sol; un second, lancé au galop de son cheval, décharge son fusil sur un Arabe caché dans le feuillage.

Au second plan, d'autres cavaliers fuyant.

Signé au centre.

Toile. Haut,, 23 cent.; larg., 35 cent.

DETAILLE

(ÉDOUARD)

4 — *Soldat de la garde impériale, sous le premier Empire.*

Debout, tourné vers la gauche, tenant son épée; la main droite dans les plis de son gilet.

Signé à droite.

Toile. Haut., 21 cent.; larg., 16 cent.

DIAZ

(NARCISSE)

5 — *Jeunes Filles turques.*

Elles sont assises dans un paysage, la tête couverte d'un voile blanc; l'une, vue de face, portant une robe de soie rose, tient un petit épagneul sur ses genoux.

Signé à gauche et daté 71.

Bois. Haut., 25 cent.; larg., 25 cent.

DUPRÉ

(JULES)

6 — *Bords de rivière.*

Des chênes et quelques saules poussent sur les bords du cours d'eau; au centre, deux vaches viennent se désaltérer.

Signé à gauche.

Bois. Haut., 29 cent.; larg., 23 cent.

FROMENTIN

(EUGÈNE)

7 — *Arabes en voyage.*

Ils se dirigent vers la droite, marchant auprès de leurs chameaux, chargés des bagages; au second plan, un cavalier, lancé au galop de son cheval, vient les rejoindre.

Signé à gauche.

Bois. Haut., 25 cent.; larg., 41 cent.

HEILBUTH

(FERDINAND)

8 — *Villa aux environs de Rome.*

Un cardinal, suivi de deux valets, cause avec trois jeunes abbés.

Signé à gauche et daté 1876.

Toile. Haut., 81 cent.; larg., 60 cent.

JACQUET

(GUSTAVE)

9 — *Jeune Fille.*

Vue jusqu'à la ceinture, costume du XVIe siècle, coiffée d'une toque noire ornée de plumes; robe bleue avec large col de velours noir et petite collerette.

Signé à gauche.

Bois. Haut., 31 cent.; larg., 24 cent.

LEVY

(HENRI)

10 — *Une Scène du* Prophète.

Importante composition, signée et datée 70.

Toile. Haut., 1 m. 25 cent.; larg., 85 cent.

ROUSSEAU

(THÉODORE)

11 — *Paysage.*

Une rivière serpente dans un paysage verdoyant, laissant, par intervalles, des îlots au-dessus desquels poussent des arbres dont le feuillage léger se détache sur un ciel fin et vaporeux; au centre, un homme, assis sur un tertre, pêche à la ligne.

Remarquable petit tableau du maître, où l'on retrouve l'impression poétique et charmante de la nature.

Signé à gauche.

Bois. Haut., 24 cent.; larg., 31 cent.

ROUSSEAU

(TH.)

12 — *Clairière, dans la forêt de Fontainebleau.*

Vivement éclairée par le soleil, elle est traversée par un sentier sinueux qui passe au bord d'une mare où des vaches se désaltèrent.

Charmant petit tableau.

Signé à droite.

Bois. Haut., 14 cent.; larg., 22 cent.

TROYON

(CONSTANT)

13 — *L'Abreuvoir.*

Dans un paysage accidenté et verdoyant, qu'éclaire un soleil doré, des vaches, sous la garde d'une petite paysanne, traversent une mare, se dirigeant vers la droite; au second plan, quelques arbres dont le feuillage se détache sur un ciel nuageux.

Très beau et important tableau, d'une coloration chaude et lumineuse.

Signé à gauche.

Toile. Haut., 76 cent.; larg., 1 m. 2 cent.

VIBERT

(GEORGES)

14 — *Villageois catalan.*

Il est dans la pénombre, debout, les mains derrière le dos, regardant par une fenêtre entourée de plantes grimpantes, dont la vue donne dans un jardin.

Signé à gauche et daté 1873.

Bois. Haut., 27 cent.; larg., 15 cent.

VIBERT

(GEORGES)

15 — *Le Goûter.*

Dans un intérieur, un moine debout, vu de profil, couvert d'une robe blanche, une calotte sur la tête, tient un verre à demi plein de vin et y trempe un biscuit.

Signé à droite et daté 1874.

Bois. Haut., 12 cent.; larg., 8 cent.

VIBERT

(J. G.)

16 — *Piqueur au cabaret.*

Signé à droite J. G. Vibert.

Toile. Haut., 64 cent.; larg., 48 cent.

ZIEM

17 — *L'Église de la Salute, à Venise.*

De nombreux bateaux sont amarrés au bord du quai; au centre, une gondole, chargée de promeneurs, file vers la gauche.

Signé à gauche.

Toile. Haut., 53 cent.; larg., 83 cent.

ÉCOLE HOLLANDAISE

18 — *Les Moulins.*

Quelques arbres s'élèvent au sommet d'un monticule placé au bord d'une rivière; sur le devant, un pêcheur à la ligne; vers le fond, des moulins.

Toile. Haut., 55 cent.; larg., 80 cent.

HEILBUTH

(F.)

19 — *Marine.*

Aquarelle, signée à droite.

Haut., 19 cent.; larg., 46 cent.

HEILBUTH

20 — *Carlin au repos.*

Aquarelle gouachée.
Signée à droite.

Haut., 20 cent.; larg., 25 cent.

LEMAIRE

(Mme MADELEINE)

21 — *Branche de pensées.*

Aquarelle signée.

Haut., 17 cent.; larg., 11 cent.

DÉSIGNATION DES OBJETS

ARGENTERIE

PROVENANT EN GRANDE PARTIE DE LA MAISON ODIOT

22 — Magnifique surtout de table composé de huit coupes en argent et cristal gravé, deux grands candélabres à cariatides de femmes et bouquets à dix lumières, en argent ; deux grandes coupes à étagères, en argent et cristal gravé ; trois coupes à cariatides de femmes, en argent et cristal gravé.

23 — Beau service à thé composé de : une fontaine avec son support en argent, une théière, une cafetière, un sucrier, un pot à crème en argent.

24 — Quatre saucières en argent.

25 — Deux raviers, forme coquille, en vermeil.

26 — Coupe ronde en argent gravé.

27 — Service à thé en vermeil, composé de : une théière, une cafetière, un sucrier, un crémier.

28 — Plateau gravé, en argenterie dorée, complétant le service précédent.

29 — Corbeille ovale, en argent et cristal gravé, à guirlandes de fleurs. Style Louis XVI.

30 — Deux corbeilles rondes, en argent et cristal gravé, à guirlandes de fleurs. Style Louis XVI.

31 — Grand plateau rond, en argent gravé ; bords perlés.

32 — Grand plateau ovale, en argent gravé ; bords perlés.

33 — Huilier en argent. Style Louis XVI.

34 — Cafetière en argent. Style Louis XV.

35 — Deux carafes en cristal, avec garniture en argent.

36 — Coupe ronde en cristal taillé, monture en argent.

37 — Seau à glace, en cristal taillé; monture en argent.

SERVICE EN VERMEIL COMPOSÉ DE :

38 — Cent huit cuillers.

39 — Soixante-douze fourchettes.

40 — Vingt-quatre cuillers à glace.

41 — Trente-six couteaux avec manches et lames en vermeil.

42 — Trente-six couteaux, manches en vermeil et lames en acier.

GRAND SERVICE EN ARGENT COMPOSÉ DE :

43 — Quarante-huit cuillers de table.

44 — Cent vingt fourchettes de table.

45 — Vingt-quatre fourchettes à poisson.

46 — Cent vingt couteaux à manches d'argent.

47 — Petit service, en argent gravé à reliefs et perlé, composé de : une théière, un sucrier, une cafetière, un pot à crème, un moulin à poivre, un beurrier en cristal avec plateau et couvercle en argent, deux ronds de serviette, un petit plateau ovale.

48 — Louche en argent.

49 — Dix-huit cuillers à café, en argent.

50 — Deux cuillers à compotes, en argent.

51 — Deux cuillers à sauce, en argent.

52 — Cuiller à fruits, en argent.

53 — Pince à asperges, en argent.

54 — Pince à sucre, en argent.

55 — Deux paires de ciseaux en argent.

56 — Quatre pièces à hors-d'œuvre, en argent.

57 — Truelle à poisson, en argent.

58 — Fourchette à poisson, en argent.

59 — Deux fourchettes à salade, en écaille; manches en argent.

60 — Cuiller à salade, en écaille; manche en argent.

61 — Douze petites cuillers russes, en vermeil.

62 — Douze fourchettes à huîtres, en argent guilloché.

63 — Trente-six petites cuillers russes, en vermeil.

**

64 — Vingt-quatre fourchettes en argent.

65 — Vingt-quatre couteaux : lames en argent, manches en nacre.

ARGENTURE — ORFÈVRERIE

66 — Neuf plats ronds, bords à filets.

67 — Six plats ovales, bords à filets.

68 — Soupière.

69 — Deux légumiers ovales avec leurs couvercles.

70 — Deux réchauds ronds.

71 — Réchaud ovale.

72 — Grand plateau ovale, gravé.

73 — Petit plateau carré, gravé.

74 — Quatre petites coupes ovales, avec plateaux en cristal.

75 — Coupe ronde guillochée, bords perlés.

76 — Grande cafetière verseuse, en métal anglais.

77 — Grande cafetière à manche d'ivoire.

78 — Cruche à bière et six verres en cristal, montée en étain.

79 — Corbeille à pain.

80 — Service à épices avec deux flacons en cristal.

81 — Louche.

82 — Vingt-quatre couverts de table.

83 — Vingt-quatre couverts à dessert.

84 — Vingt-quatre couteaux de table.

85 — Vingt-quatre couteaux à dessert.

86 — Coupe-œufs.

87 — Trois porte-menus.

88 — Deux casse-noisettes.

89 — Deux ronds de serviettes.

90 — Cuiller à sucre, guillochée.

91 — Brosse à pain.

92 — Truelle à pain.

93 — Deux porte-cure-dents.

94 — Service à œufs, avec six coquetiers et six cuillers.

95 — Deux moutardiers.

96 — Deux seaux à glace.

97 — Six petites salières doubles.

98 — Six dessous de carafe.

99 — Petit plateau carré, gravé.

100 — Couvert à découper.

101 — Couvert à salade, manches en ivoire.

BIJOUX & OBJETS DE VITRINE

102 — Montre d'homme, en or, à remontoir, boite de chasse et à répétition, de Oudin.

103 — Chaîne de gilet, en or.

104 — Épingle de cravate, en or.

105 — Montres anciennes, bagues, broches.

106 — Environ cent cinquante pièces : miniatures, bonbonnières, éventails, groupes en Saxe et objets de vitrine.

MOBILIER

OBJETS D'ART

ANTICHAMBRE

107 — Magnifique tapisserie de Bruxelles, représentant un paysage animé de personnages et de voitures, avec perpective de montagnes et bordure à guirlandes de fleurs. En bel état de conservation.

108 — Trois panneaux en tapisserie d'Aubusson, représentant des paysages et vues de parcs avec fleurs en couleur et animés de volatiles.

109 — Paire de grands rideaux de croisée en tapisserie à paysages avec bordures à fleurs.

110 — Paire de grandes portières, une portière simple relevée à l'italienne, en tapisserie à paysages avec bordures à fleurs garnies de franges, accompagnée d'embrasses, de cordelières et de glands assortis.

111 — Six paires de grandes portières en drap rouge, bordées de galons noirs avec embrasses assorties.

112 — Deux grandes portières en granité rouge, avec embrasses.

113 — Très beau meuble-cabinet en bois d'ébène sculpté, offrant en bas-relief des sujets allégoriques aux Vendanges, à la Danse, aux Histoires de Renaud et d'Armide, d'Orphée, etc., avec encadrement guilloché, piétement à six colonnes ; époque Louis XIII.

114 — Garniture de cinq pièces de faïence de Delft, décor à fleurs par compartiment en bleu sur blanc.

115 — Paire de jolis vases en émail cloisonné de Chine, bleu turquoise à rosaces et entrelacs en couleur.

116 — Joli groupe en marbre rouge antique, représentant l'Enfant à la tortue, par Campigli ; monté sur socle en marbre noir, incrusté de marbre griotte.

117 — Paire de lampes en cuivre repoussé et poli. Style Renaissance.

118 — Deux colonnes en bois noir cannelé.

119 — Deux grands fauteuils, quatre chaises et tabourets, forme Louis XIII, en bois noir, couverts de velours frappé fond brun, dessin ton sur ton avec tablettes de cheminée et rideaux assortis.

120 — Vasque en cuivre repoussé à godrons, époque Louis XIII, sur support en bois de noyer sculpté.

121 — Deux grands plats du Japon, décor polychrome.

122 — Plat hispano-arabe, décor à reflets métalliques.

123 — Deux vases en terre de Bocaro, gravés à inscriptions.

124 — Grand tapis en moquette rouge à bordure noire, couvrant la pièce.

125 — Paire de vases en bronze doré et émail cloisonné, de Barbedienne.

126 — Jardinière en cuivre jaune à godrons. Style Louis XIII.

SALLE A MANGER

127 — Bel ameublement en noyer sculpté de style Louis XIII, composé d'un grand bahut dressoir s'ouvrant de chaque côté, à portes pleines avec têtes de lions et draperies en bas-relief, une grande table ovale à six rallonges et deux dessertes, dessus décoré en marqueterie de bois, dix-huit chaises couvertes en drap havane, orné de broderie de velours de même ton, et une décoration de croisée, composée de deux grands rideaux en même étoffe.

128 — Store en soie verte.

129 — Grand tapis d'Orient, fond rouge à grands médaillons fond bleu, couvrant toute la pièce.

130 — Très beau panneau en tapisserie de Bruxel-

***

les, représentant des festins champêtres d'après Téniers, composition de nombreuses figures; époque Louis XIV.

131 — Table à thé en palissandre et thuya.

132 — Belle pendule en marqueterie de cuivre sur fond d'écaille de l'Inde, richement ornée de bronzes dorés. Style Louis XIV.

133 — Paire de belles lampes en porcelaine gris craquelé de Chine, montées en bronze doré à branches de bambou. Style chinois.

134 — Paire de lampes en ancienne porcelaine de Chine, décor médaillons à paysages en bleu sur blanc; monture en bronze doré. Style Louis XVI.

135 — Belle suspension en bronze ciselé et doré de style Louis XVI, à quatre lampes et dix-huit bougies.

136 — Deux plats en ancienne porcelaine de Chine, décor bleu fouetté à rehauts d'or.

PETIT SALON

137 — Tenture : deux décorations de croisées et deux décorations de portes, en damas de soie rouge.

138 — Grand divan d'angle en damas de soie rouge.

139 — Petit canapé et deux fauteuils recouverts en velours de Gênes rouge, dessin ton sur ton, garnis de franges assorties.

140 — Deux grands fauteuils forme Louis XIII, en noyer sculpté, couverts en velours de Gênes rouge, dessin ton sur ton.

141 — Deux coussins en velours de Gênes rouge.

142 — Six chaises volantes, style Louis XVI, en bois sculpté et doré, couvertes en velours de Gênes, rayé et capitonné, fond vert d'eau, dessin vert réséda.

143 — Pouf en peluche vieil or, avec dessus en broderie en haut-relief, garni de franges.

144 — Pouf rond en satin broché à fleurs, bois sculpté et doré. Style Louis XVI.

145 — Joli petit paravent à trois feuilles, garni partie en glaces biseautées, partie en broderie multicolore sur fond havane; bois de noyer sculpté et rehaussé d'or, revers gainé en brocart d'or fond rose. Style Louis XIV.

146 — Table gigogne en bois noir.

147 — Joli petit écran en acajou orné de bronze doré, avec panneau en broderie à trophée champêtre, décor genre vernis Martin, représentant la Danse des Amours, en couleur sur fond d'or. Style Louis XVI.

148 — Petit paravent à quatre feuilles en peluche rouge, avec panneau en brocart d'or, garni de franges et passementeries assorties.

149 — Dessus de cheminée en broderie Renaissance, sur fond de velours rouge.

150 — Chevalet avec draperie en brocart et peluche.

151 — Fût de colonne recouvert d'une draperie orientale.

152 — Chaise chauffeuse en satin et broderie.

153 — Petite table en peluche violette et passementerie métallique.

154 — Tapis de table en satin crème, richement brodé à grandes fleurs et rinceaux, garni de franges.

155 — Table en noyer forme Louis XV.

156 — Table en bois noir.

157 — Tapis de table en velours rouge.

158 — Tapis de guéridon en velours vert, brodé d'arbres, d'oiseaux et de fleurs. XVIIe siècle.

159 — Très beau meuble-cabinet, avec piétement à colonnes, d'aspect architectural en bois d'ébène guilloché et écaille de l'Inde, orné de bronzes dorés. Époque Louis XIII.

160 — Lustre à trente lumières, en bronze orné de cristaux.

161 — Quatre bras d'applique, même modèle à sept lumières.

162 — Beau buste de femme en marbre blanc par *Aizelin*, avec socle en marbre orné de bas-reliefs, de guirlandes et de trophées en bronze doré. Style Louis XVI.

163 — Paire de lampes en émail cloisonné de la Chine; monture en bronze noirci et frotté.

164 — Devant de feu en bronze doré. Style Louis XVI.

165 — Statuette en bronze: Sapho de *Clésinger*.

166 — Petite glace avec cadre en bois noir et argent repoussé. Style Louis XIII.

167 — Bouteille en vieux céladon bleu turquoise, truité fin.

168 — Petite table recouverte en velours frappé vert et passementerie d'argent.

169 — Petit paravent miniature en brocart broché à fleurs et peluche violette.

170 — Petite vitrine mignonnette en bois doré forme cintrée.

171 — Petite chaise à porteurs, formant vitrine en peluche rose et broderie.

172 — Têtière de divan en brocart d'argent. Époque Louis XV.

173 — Lampe formée par un vase à quatre faces, en ancien émail cloisonné de Chine, dessin en couleur sur fond bleu turquoise.

174 — Joli groupe en marbre : la Promesse, de *Lanzirotti*, sur fût de colonne garni de velours rouge.

175 — Garniture de cinq pièces en faïence de Delft, décor bleu sur blanc.

176 — Deux potiches forme boules, de Chine, décor bleu fouetté à rehauts d'or.

177 — Plat de Chine, famille rose, décor à fleurs rehaussé d'or.

178 — Deux bouteilles à panses aplaties, en porcelaine de Havaland, décor à fleurs.

179 — Petit groupe d'amours en bronze, socle en marbre rouge.

180 — Brûle-parfums en faïence, fond brun, décoré d'émaux en couleur. Monture en bronze.

181 — Grand tapis d'Orient, fond gros bleu, dessin à semis de fleurs et d'ornements.

182 — Carpette fond rouge, dessin à fleurs, bordure multicolore d'Orient.

183 — Draperies formant têtières, en ancien brocart d'or et d'argent.

184 — Trois coussins en ancien brocart d'argent.

185 — Petit vide-poche, forme guéridon, en émail cloisonné du Japon. Monture bronze noirci.

GRAND SALON

186 — Très bel ameublement en bois finement sculpté et doré, couvert en velours de Gênes fond blanc d'argent à riche dessin, vases de fleurs, rinceaux, oiseaux et figures d'enfants se détachant en relief et en rouge de différents tons, style Louis XVI. Il se compose de trois canapés, quatre fauteuils et quatre chaises.

187 — Deux belles décorations de croisées composées de grands rideaux et de lambrequins à draperies en même velours de Gênes.

188 — Deux paires de grands rideaux en satin crème uni, formant transparents.

189 — Belle décoration de baie, composée de portières et de grandes draperies en même velours de Gênes, relevées par des cordelières à l'italienne avec bandeaux en velours rouge brodés à fleurs.

190 — Tête-à-tête, forme S en bois sculpté et doré, couvert en brocart bleu. Style Louis XVI.

191 — Petit canapé forme cintrée, couvert de satin crème capitonné.

192 — Deux chaises volantes en bois sculpté et doré, couvertes en velours de Gênes rayé. Style Louis XVI.

193 — Petit fauteuil Marie-Antoinette, en bois sculpté et doré, couvert en satin bleu pâle, orné de jolies broderies à trophées champêtres et guirlandes de fleurs.

194 — Joli écran en bois sculpté et doré avec panneau en satin crème orné de broderies à trophées, guirlandes de fleurs et draperies. Style Louis XVI.

195 — Pouf en velours rouge, dessus richement brodé d'oiseaux et de corbeilles de fleurs, garni de passementerie.

196 — Jolie vitrine forme rocaille, en bois décoré à l'or rouge avec médaillons à sujets allégoriques, fond garni de glaces. Style Louis XV.

197 — Nombreux et jolis objets de vitrine vieux Saxe : argenterie, miniatures, etc.

198 — Piano à queue, en bois noir, d'*Érard*.

199 — Tabouret de piano en bois noir, couvert en velours rouge.

200 — Beau dessus de piano en velours vert, orné de riches broderies en haut-relief, à rosaces, guirlandes de fleurs et entrelacs.

201 — Casier à musique en palissandre.

202 — Casier à musique, en bois noir garni de bronze.

203 — Console forme demi-lune, en bois sculpté et doré. Style Louis XVI.

204 — Très petit guéridon en bois sculpté et doré, dessus en broderie à fleurs. Style Louis XVI.

205 — Jolie table de milieu en bois sculpté et doré, avec bandeau à chaînettes à jour et entrejambes à vase de fleurs et guirlandes. Style Louis XVI.

206 — Beau paravent à quatre feuilles, décor genre vernis Martin, fond aventuriné rehaussé d'or, garni d'ancien brocart d'or et d'argent à festons et guirlandes de fleurs.

207 — Beau cabinet hispano-arabe sur tréteau en bois sculpté.

208 — Petit tapis en satin rouge brodé. Travail d'Orient.

209 — Belle jardinière en émail cloisonné de Chine, fond bleu turquoise à fleurs et oiseaux en couleur, avec son support en bois sculpté de style chinois.

210 — Petite encoignure, recouverte en peluche rouge.

211 — Chevalet avec draperie, en velours rouge et brocart.

212 — Petite table en bois noir gravé.

213 — Dessus de table en satin rose, broché à fleurs, bordure en peluche.

214 — Grand paravent à quatre feuilles et étoffe rouge brochée.

215 — Deux tables à jeu en bois noir à filets d'or.

216 — Deux tapis de table, en satin noir brodé à fleurs.

217 — Lustre en bronze doré de style Louis XVI, à trente-deux lumières.

218 — Six bras-appliques de même style, à six lumières.

219 — Belle garniture de cheminée en bronze doré, de style Louis XVI, de *Barbedienne*, pendule en forme de vase au pied duquel sont groupées des figures de femmes, allégorie de l'astronomie et de la géographie, candélabres formés de groupes de nymphes portant des bouquets à sept lumières.

220 — Joli vase forme rouleau, en vieux Chine, famille verte, fond vert semé de fleurs et de papillons avec médaillons à paysages animés de chimères et d'oiseaux.

221 — Joli vase en vieux Chine, famille verte, forme rouleau, décoré de médaillons à personnages, sujets champêtres encadrés d'un semis de fleurs.

(Fait pendant au précédent.)

222 — Deux chenets, forme brûle-parfums, en bronze doré. Style Louis XVI.

223 — Grand et beau cornet en ancien émail cloisonné de Chine, fond bleu turquoise, décor à lambrequin et chauve-souris, orné d'arêtes saillantes en bronze doré ; monté en lampe en bronze noirci et frotté.

224 — Lampe en vieux Chine, décor bleu fouetté à rehauts d'or ; monture en bronze noirci et frotté.

225 — Brûle-parfums de Satzuma, décor à fleurs et volatiles.

226 — Vase en vieux Chine, fond noir à rehauts d'or.

227 — Jolie statuette en marbre blanc : *la Glaneuse de Lanzirotti*, avec socle en marbre griotte.

228 — Paire de lampes, style oriental, en porcelaine émaillée; monture en bronze ciselé et doré.

229 — Deux flambeaux en cuivre repercé. Style vénitien.

230 — Deux petites aiguières en vieux Chine, fond bleu à rehauts d'or ; monture en bronze doré.

231 à 233 — Têtières et coussins en ancien brocart et en broderie. (Sera divisé.)

234 — Plat en vieux Chine, famille rose, monté en bronze doré.

235 — Bouquetière en faïence de Strasbourg, forme rococo.

236 — Petit tableau en tapisserie au petit point, avec encadrement en velours orné de broderie à fleurs de lis.

237 — Très petit écran en jade blanc ; monture en bois de fer de Chine.

238 — Petite jardinière en bronze frotté et doré, décor en bas-relief à sujet chimérique.

239 — Coffret en cuivre découpé, fond de satin rouge.

240 — Vase en cristal fumé et craquelé.

241 — Groupe de trois figures, en porcelaine de Saxe.

242 — Éventail peint à l'aquarelle, signé des monogrammes F. H.; monture en nacre monté sur fond rouge avec encadrement doré.

243 — Grand tapis en moquette rouge, couvrant le salon.

244 — Carpette d'Orient, fond gros bleu à palmes à bordure fond blanc.

245 — Très petite chaise à porteurs formant vitrine, en brocart d'or.

BIBLIOTHÈQUE

246 — Beau meuble-bibliothèque s'ouvrant à trois portes, en bois noir sculpté. Style Renaissance.

247 — Bel ameublement en bois noir finement sculpté, couvert en velours de Gênes, fond rose, dessin vert; style Renaissance. Se composant d'un canapé, quatre fauteuils et quatre chaises.

248 — Table-bureau en bois noir sculpté. Même style.

249 — Deux décorations de croisées, formées de grands rideaux en satin havane avec bandes imitant la tapisserie, bandeaux et lambrequins dans le même goût.

250 — Table à jeu, en bois noir finement sculpté. Style Renaissance.

251 — Petit casier à étagère, en bois noir finement sculpté. Même style.

252 — Deux portières en peluche verte et brocart rose, broché d'or avec garnitures assorties.

253 — Panneau de tenture volante en peluche verte.

254 — Beau panneau en tapisserie, représentant un sujet historique, avec bordure à vases de fleurs, figures d'enfants et oiseaux. Fin du XVIe siècle.

255 — Portière en tapisserie à personnages, avec bordure analogue à la précédente. Fin du XVIe siècle.

256 — Portière en tapisserie : paysage avec volatiles et bordure fond jaune à guirlandes de fleurs. XVIIIe siècle.

257 — Chaise longue en peluche verte et satin broché, garnitures assorties.

258 — Fauteuil recouvert en peluche verte, avec carré en broderie de Perse.

259 — Pouf carré analogue, monture en bois sculpté.

260 — Petit paravent à trois feuilles en brocart, à semis de fleurs, encadré de peluche verte.

261 — Chaise de style oriental, en bois peint et doré, couverte en broderie.

262 — Joli meuble-cabinet en bois d'ébène, orné d'incrustations d'ivoire, représentant des compositions d'après Callot : allégorie aux misères et aux malheurs de la guerre. Travail d'une grande finesse, de style Louis XIII.

263 — Deux très beaux vases en marbre blanc, représentant en haut-relief des sujets mythologiques, allégorie aux triomphes d'Amphitrite et de Neptune. Importante composition d'une exécution remarquable.

264 — Deux grandes potiches du Japon, décor polychrome à rehauts d'or.

265 — Deux grandes figurines en ivoire : la Coquetterie et la Sagesse.

266 — Deux lampes, système à gaz en porcelaine de Chine, fond rouge, monture en bronze noirci et frotté.

267 — Paire de chenets en bronze poli. Style Louis XIII.

268 — Petit groupe de trois enfants : Musiciens en bronze argenté.

269 — Deux statuettes : Petite Faunesse et petit Faune en bronze poli.

270 — Deux figurines en bronze : les Petits Musiciens de *Lalouette.*

271 — Lustre de style flamand en cuivre poli à quatorze lumières.

272 — Deux bras d'applique de style flamand en cuivre poli, à sept lumières.

273 — Grand groupe de six figures en porcelaine de Saxe moderne.

274 — Deux groupes de quatre figures d'enfants en porcelaine de Saxe.

275 — Trois tasses forme ovoïde et un sucrier en porcelaine de Saxe moderne, fond jaune à rehauts d'or.

276 — Deux tasses trembleuses en porcelaine de Saxe moderne, fond rose à sujets champêtres et rehauts d'or.

* 277 — Deux figurines en porcelaine de Saxe : Joueur de mandoline et Chanteuse.

278 à 281 — Huit coussins couverts en velours et brocart. (Sera divisé.)

282 — Devant de chasuble en soierie rose, orné de broderie d'argent.

283 — Deux colonnes en bois noir cannelé de cuivre.

284 — Encrier en bronze et marbre noir.

285 à 294 — Objets divers d'étagère et de vitrine.

295 — Grand tapis d'Orient, fond gros bleu à semis de fleurs et d'ornements couvrant toute la pièce.

PREMIÈRE CHAMBRE A COUCHER

296 — Ameublement en palissandre sculpté, composé de : deux lits jumeaux, à fond capitonné de soierie rouge, une armoire à glace, un chif-

fonnier, une table de nuit, une commode forme bahut avec compartiments à l'intérieur, à l'anglaise.

297 — Baldaquin en bois doré, avec grand rideau de lit, fond de lit et draperie en soierie rouge, garnie de franges.

298 — Portière en même étoffe.

299 — Chaise longue couverte en laine rouge capitonnée.

300 — Deux chaises légères à dossiers forme lyre en bois sculpté et doré, couvertes en satin broché, l'une fond noir, l'autre fond rouge.

301 — Petite étagère en palissandre, orné de bronzes.

302 — Table toilette en bois noirci, garnie de tiroirs.

303 — Écran en bois sculpté et doré, avec panneau en broderie, à corbeilles de fleurs et rinceaux. Style Louis XVI.

304 — Paravent à quatre feuilles en bois sculpté et doré, garni de soierie rouge. Style Louis XVI.

305 — Petit cabinet en laque du Japon.

306-307 — Cinq coussins en soierie et brocart de fantaisie.

308 — Garniture de cheminée, composée de cinq pièces en bronze doré. Style Louis XVI, de *Worms aîné.*

309 — Petite pendule de voyage, à colonnettes en bronze doré.

310 — Carpette style oriental, fond jaune à petits dessins.

311 — Paire de grands rideaux de croisée en drap vert, avec bandes brodées.

312 — Deux transparents en soie verte.

313 — Lustre de style flamand en cuivre poli à huit lumières.

CABINET DE TOILETTE

314 — Décoration de croisée en cretonne.

315 — Store en soierie rouge froncée.

316 — Jolie table-bureau en bois rose et palissandre, orné de bronze doré. Style Louis XV.

317 — Chiffonnier étroit à sept tiroirs en acajou et filets de cuivre. Style Louis XVI.

318 — Deux chaises volantes, forme lyres en satin rouge broché. Style Louis XVI.

319 — Deux chenets en cuivre poli. Style Louis XIII.

320 — Paire de vases en porcelaine gros bleu, genre Tournai, à médaillons; monture en bronze. Style Louis XVI.

321 — Paire de petits vases en porcelaine de Saint-Amand, fond bleu turquoise, avec médaillons, portraits de Marie-Antoinette et de la princesse de Lamballe, monture en bronze doré. Style Louis XVI.

322 — Deux candélabres à deux lumières en porcelaine de Saxe moderne.

323 — Groupe de quatre figures en porcelaine de Saxe moderne.

324 — Corbeille en porcelaine moderne, décorée de fleurs en relief.

325 — Deux figurines de Chinoises en porcelaine de Chine.

326 — Petit miroir sur chevalet, avec cadre en porcelaine de Saxe, figure d'amour.

327 — Bonbonnière en émail cloisonné du Japon.

328 — Petite étagère en marqueterie de bois, orné de bronze.

CABINET DE TRAVAIL

329 — Trois petites bibliothèques à deux portes en bois noir.

330 — Beau meuble-cabinet, style hispano-arabe en bois de camphre avec garniture en fer, découpé et poli sur tréteau en bois sculpté.

331 — Chaise longue couverte en étoffe, genre oriental.

332 — Table rectangulaire avec piétement à arcades à jour en bois de noyer. Style Renaissance.

333 — Quatre chaises en bois doré, forme Louis XIV, couvertes en velours de fantaisie.

334 — Buste en marbre : *Souvenir* de *Carrier-Belleuse*.

335 — Deux vases en porcelaine de Chine, famille verte, décor à personnages monture bronze. Style Louis XVI.

336 — Vase de Chine, fond gros bleu à rehauts d'or ; monture bronze. Style Louis XVI.

337 — Statuette de reine en bronze poli sur socle en marbre griotte.

338 — Théière en porcelaine moderne.

339 — Garniture de bureau en bronze ciselé et argenté, style Renaissance, composée d'une écri-

toire, un bougeoir, un plumier, un porte-allumettes, un thermomètre, deux flambeaux et un séchoir.

340 — Tapis oriental, fond rouge à médaillon.

341 — Deux rideaux en diagonale havane, avec bandeaux et franges assortis.

342 — Lustre flamand en cuivre poli à cinq lumières.

343 — Fauteuil couvert en peluche verte, bordé d'un galon.

344 — Tablette de cheminée et décoration de glace, à draperie en peluche verte.

345 — Petit paravent à quatre feuilles en peluche verte.

DEUXIÈME CHAMBRE A COUCHER

346 — Deux lits en bois laqué blanc.

347 — Petite toilette analogue.

348 — Petite table forme Louis XV en bois rose et palissandre, orné de bronze.

349 — Meubles divers.

350 — Objets de fantaisie.

LIVRES

SIX CENTS VOLUMES RELIÉS

Beaux services de table, cristaux, linge damassé, etc.

Vins fins : douze cents bouteilles.

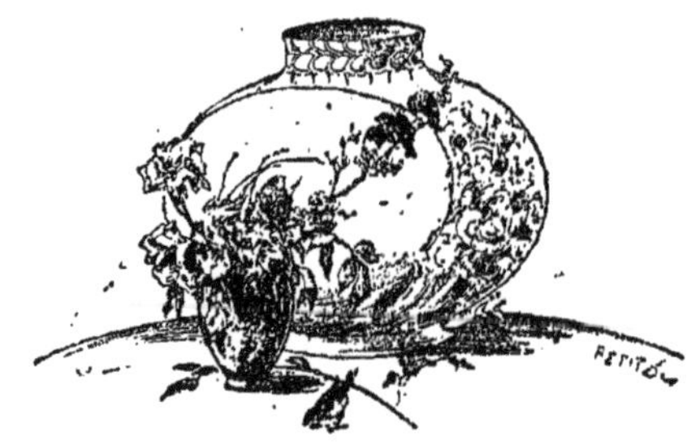

www.ingramcontent.com/pod-product-compliance
Ingram Content Group UK Ltd.
Pitfield, Milton Keynes, MK11 3LW, UK
UKHW020433180726
13839UKWH00003B/1484

9 782329 511511